AF198867

Klaudia Bielecka

Gedankenkarussell

Vorwort

Bestimmt ist Ihnen die Redewendung, über Gott und die Welt zu sprechen nicht unbekannt, wobei damit tief greifende Gespräche über alles und nichts umfasst werden. Nun, ich wage in Anbetracht dessen zu behaupten, dass ich über Gott und die Welt geschrieben habe, und damit meine ich über Gedanken, die mich persönlich beschäftigen, die aber ebenso von vielen anderen geteilt werden.

Die Gedanken tippten ihnen leise auf die Schultern, wie ein verwirrter alter Mann, der nach dem richtigen Bahngleis suchte, ohne zu wissen, wohin sein Weg ihn führen soll. Er würde in irgendeinen Zug steigen, nicht um an einem bestimmten Ort anzukommen, sondern um weiterzufahren, nicht in den Stillstand zu geraten. Nicht um zu flüchten oder zu verschwinden, sondern um sich zu verbreiten in den Geistern, denen sie, die Gedanken, begegnen mögen.

Derjenige, der tiefer blickt, wird auf den folgenden Seiten mehr sehen, eine Ordnung finden in dem Chaos aus Gedanken oder selbst in Chaos versinken.

Worin alles mündet

Die Sprache malt uns sowohl die schönsten als auch grausamsten Bilder. Sie gleitet wie ein Fluss über die Zungen der Menschen und die Seiten der Bücher. Kein Bild könnte jemals so viele Details wiedergeben, wie es Worte tun. Sie zeichnen mit der geistigen Vorstellungskraft und fördern unsere grenzenlose Kreativität. Die Sprache macht uns zu intellektuellen Wesen, zu Geschichtenschreibern und Schöpfern. Durch sie sind wir in der Lage zu kommunizieren, unsere Gefühle wiederzugeben, aber auch Dinge zu durchdenken. Und wir denken viel, wenn wir mal genauer darüber nachdenken, sogar ununterbrochen. Wenn uns das bewusst wird, dann erkennen wir, dass wir den überwiegenden Teil des Seins mit uns selbst verbringen, eingeschlossen in einer inneren Gedankenblase. Es fängt bei kleinen Überlegungen an und mündet in den großen Entscheidungen und Fragen unserer persönlich erschaffenen Welt. Wenn also die Sprache einen so großen und wichtigen Teil in uns einnimmt, ist es dann nicht ratsam, sie zu fördern, zu bestärken in ihrer Unermesslichkeit? Wenn ich also etwas lese, das mir wirklich gefällt, und das kann auch nur ein einziger Satz sein, etwas, das mich tief in meinem Inneren anspricht und meinen Geist bewegt, mich an selbst Erlebtes oder Erhofftes erinnert, das mich dazu bringt, zu zweifeln oder neu zu durchdenken, dann fühlt es sich an, als würden meine Gedanken daran wachsen, so als würde mein Inneres Erfüllung finden zwischen den Zeilen belebter Sprache.

Der Anfang

Der Anfang einer Geschichte ist oft das Ende einer Begebenheit. Es ist der noch unerfahrene Zauber einer vergessenen Zeit. Eine Prägung und Offenbarung für die neu entstandene Wirklichkeit.

Dies ist jedoch nicht der Anfang einer Geschichte, sondern eine Geschichte über den Anfang. Es muss hierbei nicht der Anfang von etwas Bestimmten sein, denn ein Anfang lässt nur einen Bruchteil seiner Werke und Taten erahnen. Er ist jedoch nicht, wie man glauben könnte, verschlossen oder geheimnisvoll. Nein, er bleibt offen und klar in all seinen Ausgängen. Meistens ist ein Anfang ehrlich, denn er bringt mit sich eine gewisse Unschuld und Undurchdachtheit. Dinge werden erst im Laufe der Zeit kompliziert, nicht am Anfang. Oft umgibt den Anfang ein schlummerndes Leuchten der Zuversicht.

Eine zerbrochene Beziehung nahm ihren Anfang demnach in der Liebe. Ein sterbender Mensch wurde geboren als kleines Kind. Ein Krieg hatte seinen Anfang im Frieden.

Sei so clever, wie die sich nach der Sonne biegende Rose, so zielgerichtet und zuversichtlich sollte dein Streben sein nach deinem eigenen Licht – innere Welt.

Selbstbild

Mein Spiegelbild zeichnet sich vor mir ab und ich stehe still und versuche es zu begreifen. Die Frage nach sich selbst ist oft undurchdringlicher, als man es auf Anhieb erwarten könnte. Wie viel Selbst steckt demnach in dem Bild eines Menschen? Ich habe es mir nicht ausgesucht, wie ich aussehe, wie groß ich werde oder wie die Farbe meiner Augen ist, trotzdem blicken mich die Menschen an und sehen genau das. Das Unvermeidbare wird mich eines Tages ergreifen und ich werde eine alte Frau in meinem Spiegelbild sehen und genau das werde ich für sie sein. Natürlich geht es nicht nur um die Äußerlichkeiten, aber bis zu welchem Anteil war der Charakter, der mich in meinem Dasein beschreibt, bereits skizziert mit der dünnen Spitze eines Bleistifts. Nicht nur, dass er sich ständig wandelt und verändert, das Bewusstsein bestimmt nicht jede unserer Entscheidungen oder Reaktionen. Ähnlich verhält es sich mit der Intelligenz, die nicht mit dem Wissen zu verwechseln ist. Niemand hatte das Recht erhalten zu entscheiden, wie intelligent oder auch begreifend und erfassend er sein würde, und trotzdem wird man in der Gesellschaft genau danach gemessen. Die Zeit und ihre Bestandteile haben mich geprägt, aber ich habe mir nicht immer ausgesucht, welchen Bedingungen sie mich ausgesetzt hat. Ich glaubte nicht an das Schicksal, da ich den Menschen und mich selbst nicht als Marionetten einer bereits feststehenden Ordnung begreifen wollte. Ich appellierte also an meinen Geist mit dem freien Willen und der Vorstellung grenzenloser Möglichkeiten und Ausgänge. Aber meine Meinung hat sich geändert, so wie ich mich verändert habe. Ich glaube, das Schicksal fasst jegliche Umstände zusammen, die nicht auf unser eigenes Handeln zurückzuführen sind. Wir kommen reich oder arm auf die Welt und auch, wenn es sich für viele nicht gehört, es so zu formulieren, als für die Gesellschaft schön oder hässlich. Wir sind unserer Natur entsprechend entweder gesund oder werden krank. Wir werden alt oder sterben jung. Das ist unser Schicksal. Ebenso glaube ich auch, dass manche Begegnungen und Situation mit so vielen Zufällen koalieren, dass auch diese als schicksalhaft bezeichnet werden könnten. Wer bin ich demnach? Ein Produkt aus alles umfassenden Zufällen, erfahrungsgemäßen Prägungen und ständigen Veränderungen? Ich weiß es nicht. Ich glaube, keiner kennt eine alles erklärende Antwort auf diese Frage. Alles, was ich über mich sagen kann, ist, dass ich mit jedem Tag wachse, dass ich erfüllt bin mit meiner Vergangenheit und Zukunft, dass ich mich wandle in meiner Erscheinung und weiterentwickle in meinen Vorstellungen.

Ich glaube, es ist ein langer Prozess zu lernen, wer man ist und wer man sein will. Ein Prozess des Menschen, sein eigenes Bild in der Welt zu formen, ausgestattet mit dem was ihm gegeben wurde.

Der luftige Staub fand jedoch keinen Halt in den Stürmen seiner Existenz. Der Wind verteilte ihn in der Unendlichkeit seiner begrenzten Zeit.

Ozeanwinde

Sie, das noch junge Mädchen, eingeschüchtert durch das Leben, schaute in ihr mit sprudelndem Wasser gefülltes Glas, durstig nach Erfahrung und Weisheit.

Ich wäre gerne so stark und frei wie der stürmische Wind über den Meeren. Ich wünschte, er könnte meine Lasten tragen auf den sich überschlagenden Wellen, erfahrene Ängste überschwemmen mit Zuversicht und die damit verbundene Ausweglosigkeit ertränken in dem ewigen Blau der Tiefen seines Angesichts. Ich sehne mich danach so unberührt von Schmerz zu sein, wie die unerforschten Weiten seiner sich kreuzenden Wege. So unabhängig, aber unerlässlich wie der fließende Ozean zu meinen Überzeugungen zu stehen und in ihnen zu treiben. Mit Leichtigkeit erfüllt sein, aber gleichzeitig kraftvoll, so wie der Ozean und seine Winde mein eigener Antrieb zu sein. Belebend und offen auf die Welt blicken, mit großen Augen das Salz der Freudentränen schmecken.

Selbst der Sturm sein oder ihn vorüberziehen lassen, anstatt sich vor ihm zu fürchten.

Der Wind über dem Ozean kennt kein Versteck, sucht sich keine Auswege und sieht keine Hürden. Seine Anmut ist sanft, doch undurchschaubar. So scheint das helle Licht auf den Ozean und spiegelt seine vermeintliche Leere, doch nicht einmal das hellste Licht durchdringt seine Tiefe. Einzig der Wind ist sein stetiger Begleiter.

Das Seidenkleid

Es begradigt jedes Vergehen, jede Biegung der Perfektion. Wie einfach es wäre, wenn man jeden Fehler mit der dampfenden Hitze eines Bügeleisens beseitigen könnte, wenn es nicht viel Kraft und Aufopferung erfordern würde. Wie aus einem großen Kleiderschrank könnte man sich die aufregendsten und vielversprechendsten Charaktere heraussuchen und anprobieren. Wie ein Seidenkleid würde sich die zarte Vollkommenheit tragen lassen, angeschmiegt an den Körper, wie eine zweite Haut ohne Makel. Eine zusätzliche Oberfläche als Schutz vor den äußeren Umständen und dem inneren Leid. Ich würde es jeden Tag tragen und damit die Blicke auf mich ziehen, mit seinen sanften Bewegungen bei jedem meiner Schritte. Es würde mich behüten zwischen dem glanzvollen Stoff und mich tragen auf seiner Ungebundenheit an diese Wirklichkeit.

Schönheit ist ein Schleier der rasenden Zeit, die Schale eines unberücksichtigten Menschen.

Oberflächlichkeit

Sie war ein Kind der Nacht. Eine schaurige Wahrnehmung. So verschleiert, so verzogen, voller Schmerz. Gedemütigt, gestraft und gefoltert durch die bloße Existenz. Sie besaß ein reines Herz, ihre Adern waren durchzogen mit Demut und Verständnis, ihre Gedanken waren frei von Vorurteilen und Gewalt. Sie war so sanft und zart wie eine sich im Rauschen des Windes biegende Rose, wie der aufsteigende Rauch einer erloschenen Zigarette. So viel Liebe konnte man in der Gesamtheit der Menschen nicht finden, sie selbst wurde jedoch nie geliebt. Ihr Gesicht war wie ein gefaltetes Blatt Papier, nichts davon erkennbar. Sie war noch jung und unschuldig, doch ihre Haut war wie die einer alten, kranken Frau. Blau, violett, wie gewürgt war ihr dünner Hals. Narben und Falten erblickte sie in ihrem Spiegelbild. Tag für Tag weinte sie still, sodass es keiner hören konnte. Der Ekel und die Abneigung der Menschen waren für sie wie kleine Stiche, die sie langsam zersetzten. Da ihre Stimme nie erhört wurde, verstummten auch ihre Schreie. Sie lebte zurückgezogen in der Dunkelheit, doch wie bekannt ist, verbleiben auch die schönsten aller Sterne in verborgener Weite. Zu der Zeit also, wenn der Mond die Nächte verträumte, blieb sie wach und beobachtete das ewig währende Trauerspiel der Welt. So hinterhältig und vergänglich ist die Schönheit. Undurchschaubar ist der süße, verführende Duft, so unerträglich erscheint ihre Abwesenheit. Nur eingeschlossen in uns selbst erkennen wir die Welt klar. Die beneidenswerteste aller Farben ist unsichtbar für die geöffneten Lider und die verschlossenen Lungen, die keuchend warten auf Zuspruch. Das Sehen ist kein Verbrechen. Dankbar und mit Stolz umgeben wir uns mit alldem, was die Augen begehren. Materialismus ist unser Ruhm, unser Äußeres der Erfolg. Ist es demnach falsch verliebt zu sein in die Schönheit? Oder ungerecht sie nicht zu schätzen? Es ist der stumpfe Blick, welcher uns betrügt. Das Beurteilen dessen, was für den Augenblick aber nicht für die Ewigkeit besteht. Sie kennt viele Gesichter und verblendet auf den unterschiedlichsten Wegen. Flach und flüchtig beobachten wir die Welt, schrecken nicht zurück vor einer skizzenhaften Einsicht.

Zu viel Aufmerksamkeit erfahren unbedeutende Dinge, zu viel Macht erlangt die unbeständige Sicht auf das Leben. Was aber wenn die roten Wangen verwelken, wenn das goldene Haar ergraut? Ist da etwas, das bleibt? Die offenbarte Wahrheit über den Menschen? Das offengelegte innere Wesen? Vielleicht ist das der Sinn hinter dem Altern, die Erkenntnis hinter einer Abscheulichkeit. Es ist nicht das, was wir uns erhoffen. Die Perfektion ist die Sehnsucht der Verstoßenen, ebenso wie die der Bewunderten. So unerreichbar, wie diese ist, verlieren sich die meisten ihrer Verfolger. Ist die Suche nach Vollkommenheit in einer unvollkommenen Welt zu begründen? Der Wunsch nach mehr zu begreifen? Ist es nur der Neid, welcher uns lenkt, oder das Bewusstsein über Entwicklung und das Streben nach Besserung? Die Hoffnung kennt keine Grenzen der Höhen sowie Tiefen. Die Überzeugung von der Liebe zu der Schönheit ergreift selbst die demütige Persönlichkeit.

Es ist die Ausgrenzung, die Oberflächlichkeit, welche uns belügt und die inspirierende Klarheit übertönt.

So fragte die dürre, abstoßende und unansehnliche junge Frau mit der Schönheit eines unschuldigen und schüchternen Kindes nach Anerkennung und Liebe, doch sie blieb aus, denn die Welt war kalt und ihr Wunsch unerfüllbar.

Der Rotwein

Das erste Glas Rotwein war für die Hoffnung, angestoßen auf die Zukunft. Das zweite Glas habe ich getrunken, als sie ging und mit ihr meine Aussichten. Das dritte Glas war für die Enttäuschung über mich selbst. Das vierte Glas Rotwein war für das Leid. Das fünfte Glas Rotwein war, um das Leid zu vergessen.

Nun steht die offene Flasche Rotwein leer gegenüber meinem Angesicht, blickt mich an und erkennt auch meine Leere. Also habe ich eine neue Flasche Rotwein geholt, um es nochmal zu versuchen und mein seufzendes Blut mit dem süßen Saft des Weins zu verdünnen.

Der Papierflieger

Ein leeres Blatt Papier sagt so wenig aus und dennoch könnte es beschrieben oder gestaltet, alles sein, zu dem ein Blatt Papier werden kann. Manchmal ist es die Einfachheit der Dinge, die Begeisterung weckt. Nicht immer muss alles nach einem hohen Standard ausgerichtet sein, ab und an genügt die bloße Klarheit der durchschnittlichen Wirklichkeit. Einfachheit kann befreiend sein und einem den stetigen Druck, etwas Außergewöhnliches zu erreichen oder zu sein, von den Schultern nehmen. Die Schlichtheit bewahrt in sich ihren eigenen Maßstab und den beruhigenden Charme.

Ein kleiner Junge blickte auf das Blatt Papier und faltete es zusammen zu einem Flugzeug, dann rannte er, es in der Hand festhaltend, in sein Zimmer. Er öffnete das Fenster und ließ es fallen. Der kleine Papierflieger sank langsam zu Boden und landete auf dem stillen Gras des Gartens.

Diese kurze Geschichte ist einfach und hat sich mit großer Wahrscheinlichkeit bereits unzählige Male in

Haushalten verschiedenster Kulturen auf der ganzen Welt abgespielt. Sie ist einfach und erscheint unbedeutend und dennoch war der kleine Junge zu jenem Zeitpunkt in jeder Weise zufrieden mit sich selbst und glücklich über den Moment.

Mein belangloses Ich treibt in der belanglosen Welt, während mein Innerstes strebt nach den Grenzen der Wirklichkeit, nach den Wahrheiten seiner Existenz.

Auf und Ab

Das Sein eines Menschen beinhaltet das Aufsteigen seiner Erfolge in den verschieden verarbeiteten Schichten seiner persönlichen Reichtümer und das Fallen in die Abgründe seiner ausweglosen Probleme. Das Sein breitet sich damit aus auf einer schwingenden Linie, auf einem um die Finger der Zufälle verwickelten Faden. Die Menschen verknoten sich darin in ihren eigenen Handlungen als wären sie verunsichert über das, was sie sind und das, was ihnen noch bevorsteht. Sie drehen Schleifen um die sich immer wieder neu mischenden Karten der Zeit. Es scheint dabei, als würde die Partie einmal inmitten ihres Seins besonders günstig liegen zu dem Zeitpunkt, wenn das Bestmögliche erreicht ist und sich hinter den Hügeln und auf der Spitze der Erfolge wieder eine gerade Strecke erahnen lässt.

Das wäre dann der Höhepunkt gefolgt von dem Fall.

Der Augenblick

Die Wolken eng umschlungen, treiben in dem sich auflösenden Himmel. Sein Blau ist erleuchtet durch die vergehende Sonne und erstrahlt in Wärme. Die Unendlichkeit hat sich der Zeit offenbart in der Stunde, als das rosafarbene Dach uns langsam einhüllte. Die Menschen erstarrten im Staunen, als hätte sich ihr gesamtes Leben in diesem einen Augenblick versammelt, um in Ewigkeit zu verweilen.

Wahre Liebe – ich bin nicht undefinierbar, nur schwer zu fassen in einer lieblosen Welt. Eine aus tiefster Verbundenheit entstandene Einheit, das Gleichgewicht zwischen Gefühl und Verstand, die vollkommene Erfüllung der Sinne und des Geistes. Eine an nichts gebundene und alles überstehende Bindung.

Die Begegnung

Es war nichts Besonderes.

Eine kurze Regung der Muskeln, eine einzige Geste ihrer Mimik, ein Lächeln, so augenblicklich wie die Zeit selbst.

Niemand hatte es bemerkt außer ihm, denn er starrte wie gebändigt auf ihre zarten Lippen. Gefesselt von jeder Bewegung ihres Körpers, jedem Atemzug ihrer Lungen.

Für ihn war sie eine verborgene Offenbarung, ein Reiz des Ungewissen, die Verführung seiner Sinne.

Rührungslos folgte sie seinen Blicken, verunsichert über seine Absichten, doch geneigt sie zu erfahren. Immer wieder wandte sie ihre Aufmerksamkeit der vorüberziehenden Welt zu, mit so vielen belanglosen Fragen an die Gegenwart.

War das schon der Beginn ihrer Liebe?

Der Augenblick ihrer ersten Begegnung, dem alles Andere ergeben wurde. Da war kein Zögern, keine Angst der Unerfahrenheit, nur die Aufregung des Neuen.

Es war ihnen nicht ratsam einander so schnell zu erliegen, über die Fehler des anderen hinwegzuschauen, ohne diese zu kennen. Doch das Vertrauen eines Menschen, welches noch nie gebrochen wurde, ist stark und leichtgläubig. Seine Hoffnungen und Träume sind weitreichend wie auch überwältigend und da man die Liebe nicht daran misst, wie lange sie anhält, sondern vielmehr an der bloßen Vorstellung ihrer Unendlichkeit, brauchte es nicht viel Zeit, bis seine Gedanken von ihr eingenommen waren. Es benötigte keinen besonderen Grund dafür, dass sie ihm Raum in ihrem Herzen gewährte.

Es war lediglich die romantische Vorstellung vielversprechender Ereignisse, die beide ineinander bemerkten, waren sie noch so unterschiedlich und anspruchsvoll. So lange das Unmögliche des Gemeinsamen nicht bewiesen wurde durch den gescheiterten Versuch, war alles zwischen ihnen offen wie auch möglich.

Das Kennenlernen

Viele Fragen und Antworten laufen umher und versuchen sich zu finden, aber glaube nicht, dass das alles ist, was ein Mensch von sich zu zeigen hat. Wenn er ganz für sich alleine ist, ohne ein Wort zu sprechen, wer ist er dann.

Wenn dieser Tag kommt, an dem du glaubst, mich zu kennen, werde ich dir etwas sagen, das du noch nicht wusstest. Und wenn dieser Tag kommt, an dem das, was du wusstest, widerlegt wird, wirst du mich noch besser kennen als zuvor. Und wenn wir schweigen und in unserem Schweigen sprechen, uns verstehen ohne ein allgemeines Verständnis, dann wird das der Moment sein, in dem wir alles übereinander wissen, ohne auch nur das Geringste zu erfahren.

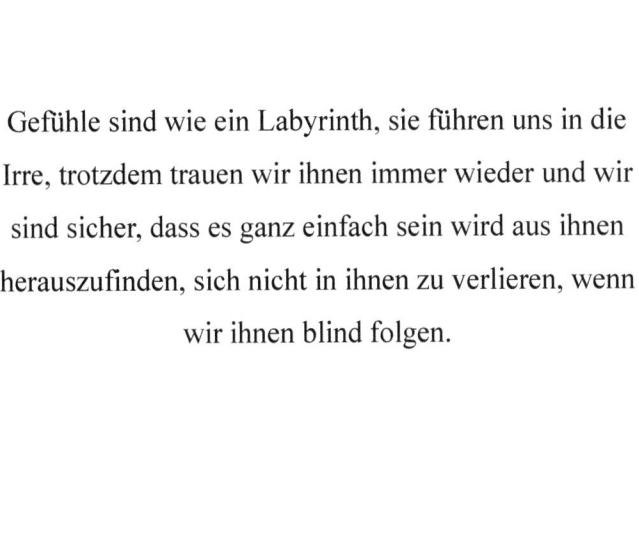

Gefühle sind wie ein Labyrinth, sie führen uns in die Irre, trotzdem trauen wir ihnen immer wieder und wir sind sicher, dass es ganz einfach sein wird aus ihnen herauszufinden, sich nicht in ihnen zu verlieren, wenn wir ihnen blind folgen.

Zwischen Raum und Zeit

Der Kosmos ist nicht, wie viele glauben unendlich, aber dennoch unerklärlich groß, und obwohl unsere Erde im Gegensatz dazu nicht einmal einem Staubkorn gleicht, erscheint auch sie mir unerklärlich groß und ich frage mich, wie wir so viel über die Weiten des Alls erforschen konnten, wenn wir doch so wenig über das wissen, was wir bereits kennen, angefangen bei der Menschheit selbst. Die Zeit hat so viel in unserer Geschichte verändert, aber es erscheint mir, als wären die Menschen gleich geblieben und dennoch verglichen miteinander sind sie so unterschiedlich. Die Frage, die bei dem und allem anderen meistens offen bleibt, ist warum? So viele Dinge lassen sich auf eine, man könnte sagen, verständliche Art erklären, aber nicht begründen und tatsächlich begreifen. Wir sind wie zwischen Raum und Zeit verschobene Teilchen, die trotz jeder sie auseinanderziehenden Kraft immer wieder zueinanderfinden, geladen mit so viel Spannung, dass wir uns davor fürchten zusammen zu sein. Wieso passieren Dinge, die wir nicht verstehen können? Ist es unsere Aufgabe, nach nicht eindeutigen Antworten zu suchen, auf jene zu warten oder auf sie zu hoffen? Du hast meine Welt, die doch unverändert geblieben ist, so sehr bereichert. Ich würde gerne ein Ende sehen in der Dunkelheit deiner Abwesenheit aus fehlenden Antworten, doch ein Ende, das nicht eindeutig genug ist, birgt in sich ein Vielleicht von unendlich vielen Ausgängen.

Und es leuchtete ein Stern am Himmel, umgeben von unzählbar vielen anderen, die ihm glichen. Doch sein Licht schenkte er nur mir. Als die Zeit verging, wurde der Stern schwächer.
Er wusste, die Unendlichkeit könnte er nicht erfahren, und seine Kraft war begrenzt. So kam es zu dem Unvermeidlichem und was übrig blieb von ihm, war ein schwarzes Loch. Dicht an den mit ihm sich schwindenden Erinnerungen. Nicht einmal Licht wäre im Stande ihm zu entkommen, wie hätte es dann mir gelingen sollen mich zu trennen.

Mein Mond

Du bist mein Mond, wenn du erscheinst, bin ich wie die Nacht. Mein Herz ist kühl und meine Gedanken sind dunkel. Sie sind erfüllt mit dem Neid auf den Tag. Sie kreisen um seine Wärme und das Gefühl des lebendigen Lebens, der ständigen Bewegung. Sie kreisen um die Angst das Leben zu verpassen. Aber du bist mein Mond und kommst immer wieder zu mir zurück. Du verhandelst nicht mit der Sonne, konkurrierst nicht mit ihrem Licht, weil sie dir ihres schenkt. Aber du bist mein Mond und behältst es nicht für dich. Du erleuchtest meine Dunkelheit, du bewegst für mich die Meere. Die Menschen blicken zu mir hoch und du gibst ihnen Romantik. Sie treiben mit kleinen Booten über ihre kleinen Seen und du spiegelst dein Licht zwischen ihren Zärtlichkeiten. Aber du bist mein Mond und du kommst immer wieder zu mir zurück.

Du betrügst mich nicht mit dem Tag, umrandest keine andere Nacht.

Denn du bist mein Mond und ich die Nacht, die zum Tag erwacht.

Herbstregen

Der Herbst ist eine stürmische Jahreszeit. Er zeigt uns so viele seiner Farben, aber nimmt dem Sommer auch seine Wärme. An einem seiner Nachmittage sah man ein junges Paar auf einem schmalen Gehweg zwischen den verregneten und mit bunten Blättern bedeckten Straßen. Sie warfen um sich mit einem Dialog, und es war von der Ferne nicht zu erahnen, ob sie sich hassten oder liebten. Wenn also ein Schatten über unserem Himmel aufziehen sollte und die weißen Wolken eng umschlungen eine schwarze Mauer ausbreiten, dann halte ganz fest meine Hand. Wenn es dann anfängt zu regnen und die Kälte unaufhaltsam durch unsere nassen Kleider dringt, zögere nicht daran, nach meiner Taille zu greifen und mich mit deinen Armen zu schützen. Wenn dann der starke Herbstwind droht, mich davonzutragen und von dir zu ziehen, selbst wenn er noch so stark an mir reißt, bitte lass nicht los. Gebe nicht auf, wenn dir alles abverlangt wird, mache keinen Rückzieher, nur weil du Angst hast oder weil du glaubst es wäre schlichtweg leichter für uns beide. Wir würden auseinander gehen in einem gewaltsamen Gewitter, in Streit würden unsere Herzen zerfallen. Wenn also die Welt sich um uns herum verdunkelt und ich selbst dir nur noch wie ein Schatten erscheine, halte ganz fest meine Hand. Das Unwetter wird schon bald vorüberziehen, aber ich werde bleiben.

So hinterließ der Herbst ihnen nur eine warme Brise des vergangenen Sommers und verabschiedete sich mit zuvorkommenden Glückwünschen.

Ist es das Lieben, dass unser Herz bricht, das Leben selbst, welches uns zu viel verspricht. Sind es die Sternschnuppen jener Nächte, die wir nicht vermögen zu fangen, welche zusammen mit unseren Wünschen vorbeiziehen und uns ermahnen. Sind es die Farben der Dunkelheit, in denen wir die Hoffnung erkennen. Die Momente der Vollkommenheit, denen wir versuchen nicht zu entrinnen.

Sind wir wie Blätter im Wind, die treiben auf das Meer, gezwungen zu ertrinken, als wäre es nicht schwer. Sind wir die Klänge der stillen Wälder, die warten auf die Erlösung des Regens. Die Bienen, die versucht werden von der Süße des Lebens.

Ein kühler Hauch

Ich weiß, du denkst deine Abwesenheit ist spurlos an mir vorübergezogen, wie ein kühler Windstoß, vergleichbar mit der staubigen Luft aus der Klimaanlage eines Autos. Du hattest bereits die Flasche des gut gekühlten Champagners geöffnet und die Gläser für beide von uns bereitgestellt, doch auf dieser Feier würde ich nicht erscheinen. Ich würde nicht auf eine Zukunft anstoßen, die es nicht geben kann, und dir nicht um den Hals fallen mit einer Zuneigung, welche ich nicht einmal in meinen Gedanken für dich hege. Ich habe mich gegen dich entschieden als Freund, weil du mich vor eine Entscheidung gestellt hast, die ich nicht treffen konnte, und mir ist bewusst, dass wir uns aus deinem Blickwinkel betrachtet, in einer abweichenden Auffassung wiederfinden. Doch diese ist nicht der richtige Ort für mich, um zu sein und nicht der, an dem ich mir wünsche zu bleiben.

Nun gleiten wir aneinander vorbei, wie zwei in unterschiedliche Richtungen treibende Segelboote, geneigt uns nicht noch einmal zu berühren aus Furcht vor dem Untergang.

Demnach haben wir uns mit einem kühlen Hauch des Verlustes von der Freundschaft verabschiedet, weil sie nicht dazu bestimmt war, sich Liebe zu nennen.

Was wenn, es kein Gut sowieso Böse gibt, nur zwei weitere Begriffe zur Beschreibung des Unbeschreiblichen.

Gewaltliebe

Blut verteilte sich über ihrem Körper, doch er hörte nicht auf sie zu schlagen. Ihre Lungen flehten nach Sauerstoff, aber er drückte mit seinen Fäusten gegen ihren Schweiß durchlaufenen Nacken. Ihre Zähne knirschten vor Schmerz und obwohl er ihre erstarrten Lippen fest verschlossen hielt, war ein Ruf nach Erbarmung zu hören, wie ein leises wimmerndes Flüstern, dem er standhaft Ignoranz schenkte. Sein Gewissen war erloschen für den Augenblick und er fühlte Leidenschaft in dem Angesicht von Qual und Abartigkeit. Es war die fehlende Beherrschung, seine vereiste Seele, welche ihn in den Wahnsinn trieb. Er strafte sie mit seinem passiven Blick, der die bitter seufzenden Tränen in ihren Augen traf. Ihre Hände zitterten, als er langsam von ihr abließ.

Es war zu spät, um sich zu verabschieden, unaufhaltsam brach der Todesengel auf, um sie zu bestatten. Einst war er ihr Beschützer, der die bösen Blicke abfing. Seine Arme waren ihre Zuflucht.

Aber etwas in ihm hatte schon immer diese Seite gezeigt. Er wurde laut, vulgär, drohend. Wo verläuft die Grenze zwischen dem Guten und dem Bösen oder ist sie zu verschwommen, um sie zu erkennen? Was ist der Antrieb von Gewalt? Ist es ein innerer Kampf der Schwachen und Verletzten? Die Erlösung der geistig Kranken von ihren verborgenen Plagen? Es erscheint unbegreiflich für den gesunden Verstand, für den letzten Funken Menschlichkeit. Doch Menschlichkeit ist nicht definierbar. Wir sprechen von ihr, wenn wir an unsere Fehler denken, an die Dinge welche die Moral und Gesellschaft für falsch erklärt. Wir denken an den überwältigenden Hass, der unsere Kehlen zerreißt, jedoch erkennen wir sie ebenso in Mitleid und der Liebe. Ist sie demnach unsere Schwäche oder Stärke? Oder viel mehr unsere Natur, die geprägt ist, von allem, was uns umgibt und berührt.

Sein Blutdruck stieg rasend an, das Adrenalin durchstreifte seine Glieder. Er war lediglich Sekunden davon entfernt, die unausweichliche Situation zu begreifen, sich selbst die Tat zu gestehen, doch er entschied sich dafür zu verdrängen, was er in seinem

Innerste war, ein schwacher Mensch.

Die Vergessenheit schenkte ihm die Zuversicht, welche er in seinem Leben nicht fand. Die Ignoranz begnadigte sein Verbrechen.

Man sagt, dass ein gebrochenes Herz heilt, doch solange es schlägt, wird es bluten.

Die gestillte Wunde

Er bindet sich an unser Herz und verwirrt den angeklagten Verstand. Er setzt sich in unseren Gedanken fest und entblößt jede in der Vergessenheit begrabene Erinnerung. Er wartet, liegt auf der Lauer, uns in der dunkelsten Stunde zu ergreifen. Er wirkt so gnadenlos und selbstzerstörerisch auf den Menschen. Warum also findet sich in Schmerz dennoch das Gute?

Weil wir, wenn wir die Kraft aufbringen, ihn zu tragen, aus ihm auferstehen und wachsen an unseren gestillten Wunden und verheilten Narben. Weil wir lernen stärker zu sein, als es unser Geist für möglich gehalten hätte. Weil der Schmerz mehr Inspiration und Möglichkeiten in sich birgt, als jedes andere Gefühl. Weil, falls die Wunden heilen und das Blut den verschmutzten Teil seiner Grausamkeit aus uns hinaus gespült hat, wir unserer persönlichen Freiheit direkt gegenüberstehen. Einer Freiheit, die unsere Vorstellung von Freiheit neu definiert.

Es fühlt sich an, als hätte das Boot, welches so lange auf Tränen getragen wurde, endlich an einem Hafen angelegt und die Sonne, welche die Augen verblendet hielt, ist untergegangen in ihren prachtvollsten Schattierungen.

Vielleicht liebt man nur ein einziges Mal. Die darauffolgenden Male versucht man nur die einzige Liebe zu vergessen oder in einem anderen Menschen wiederzufinden.

Fenster hohe Sonnenblumen

Sie erhoben vor mir weiße Lilien als Zeichen des Friedens, die still und sanft um Vergebung baten. Die fensterhohen Sonnenblumen winkten mir zu und demonstrierten ihre Freiheit und Stärke. Sie waren selbstsicher, aber nicht herabwertend gegenüber den zu ihren Füßen liegenden Tulpen, die voller Eleganz und Grazie ihre Körper anhoben, um an der Sonne teilzuhaben und sich mit den verspielten Rosen zu messen, die verschleiert in warmen Tönen, aber auch ein wenig mit Schüchternheit und der Gewissheit begehrt zu sein, umgeben waren. Sie teilten alle die gegenseitige Gemeinschaft, als ein junger Mann sich zu ihnen gesellte und sich über ihnen verbeugte.

Er pflückte die Blumen und machte aus ihnen einen bunten Strauß der Vielfalt und Gerechtigkeit.

Anders

Manchmal gleichen sich Gegensätze bis zu einem bestimmten Punkt der Wendung und falls sie sich in dieser Ordnung zusammenfinden, entsteht etwas Unerwartetes. Eine Einheit, die aufgebaut ist auf gegenseitiger Akzeptanz und geteiltem Respekt. Eine Festung, die gestürzt ist auf einer Grundeinsicht, die sich auf verschieden ausgelegten Meinungen und Ideen ausweitet. Die ihre Tore offen hält für Ausnahmen und Veränderungen. Zwischen deren Mauern es keinen Platz gibt für Ausgrenzung, und die Ketten der Vorurteile fallen. Denn so wie es die unüberwindbaren Differenzen gibt, gibt es auch die, denen wir lediglich keinen Raum geben, sich zu erklären, ihren Standpunkt zu festigen, jene Unterschiede, die wir nicht einmal versuchen zu verstehen. Somit ziehen sich nicht die Gegensätze an, denn die verlockende Wirkung erzielt erst die Ungewissheit des Neuen. Die Spannung entsteht aus den selbst nicht erfüllten Erwartungen und dem Interesse an einer anderen Wahrheit. Unterschiede weiten sich auf die weitreichendsten Ebenen aus, da nichts und niemand tatsächlich gleich ist oder sein kann. Es müssen jedoch nicht einmal Differenzen bestehen, damit ein Gegensatz oder Unterschied, eine Abweichung zu einem Streitpunkt heranwächst.

Oft reicht allein die Tatsache des Anderssein aus, für einen Krieg um Gleichheit.

Zwei Seiten

Tatsächlich gibt es mehr als zwei Seiten von jeder Geschichte. Und wenn man Teil einer dieser Geschichten ist, fragt man sich vielleicht, wie das möglich sein kann, wie verdreht die Wirklichkeit sein kann und wie unterschiedlich die Menschen eine Situation erfassen und erleben können. Es ist wie ein großes Gemälde, auf dem jeder Beteiligte bis hin zum nicht Anwesenden seine Vorstellungen der Tatsache visualisiert. Am Ende entsteht dabei abstrakte Kunst, in die jeder etwas anderes hineininterpretiert und hinzudichtet. Manchmal ist die Wahrheit uninteressant, manchmal tut sie einfach nur zu sehr weh oder stellt einen selbst nicht so dar, wie man es möchte. Jede menschliche Begegnung und Aneinanderreihung von Interaktionen spielt sich nicht nur auf der Ebene von Gesprächen und Handlungen ab. Das Ausmaß reicht tiefer. Er reicht hin bis zu dem Innenleben des Geistes. Und der Geist spricht eine andere, noch nicht erforschte Sprache. Erst dort fängt der Mensch an zu hinterfragen, zu zweifeln, zu grübeln. Weil neben der erfahrbaren Welt jeder in seiner eigenen eingeschlossen ist. So kommt es ganz abgesehen von den sich hineinschleichenden Lügen und Lästereien, dass jede Wirklichkeit mehr als eine Beurteilung erfährt.

In Unwissenheit

Ich weiß, dass sie über mich geurteilt haben, ohne mich zu kennen. Ich weiß, dass viele, denen ich begegnet bin, glauben meine Persönlichkeit zu begreifen, anhand der kurzen Gespräche, anhand der anderen Personen, die meinen Namen in den Mund genommen haben, und aufgrund der kurzen Zeit, in der wir zufällig die gleiche Gegenwart teilten. Sie glauben, ich bin nur dieser für sie erfahrene Teil und projizieren diesen auf meine ganze Person. So entstehen Meinungen, so entstehen Einbildungen und Vorurteile. Zu guter Letzt, so entfacht der Hass. Ich weiß, dass ich nicht anders bin und auch über sie alle geurteilt habe, ohne sie zu kennen. Manchmal bewusst und manchmal in Unwissenheit. Wir tun vieles in Unwissenheit. Dort richtet der aufrichtige Mensch seinen Schaden an, im Verborgenen vor seinem Gewissen. In dem Schatten seiner Ansichten und Maßstäbe, fängt er an die falschen Dinge zu denken und zu tun.

Menschen reden über andere Menschen und verurteilen sich gegenseitig. Willkommen in unserer Gesellschaft.

Das Streichholz

Ein Streichholz genügt, um ein gewaltiges Feuer zu entfachen und ein unkontrolliertes Feuer hat die Kraft, alles um sich herum zu vernichten. So sollte man sparsam umgehen mit Reizen und Provokationen. Menschen neigen zu übertriebenen Reaktionen und Ausbrüchen. Sie können in Ruhe verweilen und dann ganz plötzlich genügt nur eine Kleinigkeit, um in ihnen einen Brand entstehen zu lassen. Eine derartige Wut nährt sich an den guten Vorzügen einer gefestigten Persönlichkeit und bringt sie zu Fall. Sie lässt keine Überlebenden in der rauchenden Asche ihrer Lüste.

Rechtskampf

Wenn wir in Ungerechtigkeit gefangen sind, könnte es dann möglich sein, dass es als gerecht verstanden werden mag, mit ungerechten Mitteln zu spielen, mit ihnen hin und her zu jonglieren, bis die Kugeln dem Gegner aus den Händen weichen. Denn wenn wir ehrlich sind, wie viel Gerechtigkeit lässt eine ungerechte Welt zu und wie hoch ist der Preis, um seine Mittel auf dem richtigen Weg durchzusetzen? Wenn alle ungerecht spielen, spricht man dann von Gerechtigkeit? Sie ist so schwer zu finden und so schwer zu durchschauen, auch wenn sie doch selbstverständlich und nicht rührbar zu sein verspricht. Wo fängt man an nach ihr zu suchen, wenn Sachverhalte wie Korruption und Machtkämpfe sich im Tageslicht vor den Augen aller abspielen.

Versteckt sich die Gerechtigkeit mit Angst erfüllt, in Ketten abgeführt zu werden und das letzte Bisschen ihrer Gegenwärtigkeit zu verlieren.

Ist sie wohlmöglich untergetaucht und findet sich wieder unter einem erfundenen Namen und einer anonymen Identität? Hat sie ihre Rechte verloren in einem Kampf, in dem einem die eigenen Rechte vorenthalten werden oder ist sie zu schwach geworden unter den Lasten der verschwenderischen und ausraubenden Gesellschaft ihrer vermeintlichen Vertreter.

Eine Tasse Kaffee

Kaffee schmeckt bitter, wenn man ihn nicht süßt. Er ist dunkel, schwarz, wenn man ihm keinen cremigen Schuss Milch hinzufügt. Er streut sein Aroma, verteilt es im gesamten Raum. Es gibt viele, die ihn in Gemeinschaft befürworten oder im Alleinsein genießen.

Die Leute reden. Sie reden über Politik, über Kriege, über Katastrophen. Sie sprechen über das Leid, die Ungerechtigkeit und die tägliche Grausamkeit der Welt. Die Menschen sprechen darüber, was die Menschheit versäumt und verdorben hat, darüber was passieren müsste, damit sich etwas ändert. Dann trinken sie ihre Tasse Kaffee zu Ende und gehen nach Hause.

Dämmerungsschatten

Spät ist es geworden über den einsamen, aber nah beieinander liegenden Dächern der Zukunftsdenker, der Revolutionäre, die eingekuschelt unter ihren warmen Decken liegen, so sorglos wie ungeborene Kinder.

Nicht die Nacht jedoch dunkler als die Dämmerung, denn in jene Richtung ausgerichtet und vergessen in der Habgier und dem Groll der nach immer mehr strebenden Gesellschaft, die nicht mehr hat, aber mehr glaubt zu haben, die immer noch wenig weiß, aber alles glaubt zu wissen, die sich verliert in ihrem eigenen Schatten, ihren eigenen Fängen und sucht in dem gedämmten Licht, wissend nichts zu finden, aber voller Furcht, es doch zu tun, um anschließend zu zweifeln an der Wahrheit und dem Offensichtlichen, dem Bloßen und Nacktem. Eine Gesellschaft, die verzweifelt an den selbst hervorgebrachten Taten, die leugnet, die abstreitet, die sich weigert eine Schuld zuzugeben, welche sie nicht bereit wäre zu tragen, diejenig, die sich drängt in die Massen, die den Schatten ausbreitet, aber ihn nicht durchdringt. Die ihre Erzeuger erstickt, wie der Qualm eines Feuers, sofern sie nicht zuvor in den eigenen Trümmern verbrennen.

Es folgt ein Schatten der Dämmerung als letzte Warnung der Dunkelheit, als stiller Schrei des Gesagten, aber Überhörten. Und sie alle sitzen zusammen bei ruhigem Kerzenschein der Nacht entgegenblickend, als wäre sie nicht dunkler als der Tag. Und schließlich werden sie einschlafen und träumen von großen Visionen und hoffen darauf, dass die Nacht eines Tages endet und dass sie zu der Zeit aufwachen werden, als sie es versäumten wach zu bleiben.

Im Staub der Angst

In Öl treibende Flügel, in Asche begrabene Meere.
Die Wut der Stille ergeben, willkommen in der Hölle
auf Erden.

Wir irren herum in den Städten, versuchen den Staub
zu atmen. Verbeugen uns vor dem Reichtum und
hoffen das Leben zu halten.

Betrauern uns selbst, hegen Angst.
Belügen uns selbst, fühlen Scham.

Erhoffen uns Antworten der Zukunft, im Unklaren,
dass sie verbleibt.

Dein Zuhause

Qualm überzogene Wellen schwebten über den Städten ihrer Oberfläche, weil du ihre Wälder geschmückt hast in den verschiedensten Grautönen. Wie schön sie sich im Wasser spiegeln, die zahlreichen Flaschen aus Plastik, wie Milliarden an Glassplittern, die durch ihre Adern treiben. Ihrer Freiheit und Würde beraubt, wehrt sie sich mit ihren Gewalten, denen selbst du dich nicht gewachsen fühlst. Du, der über allem steht und regiert, fühlst dich nicht gewachsen. Hast du ihre Tränen in den Weiten der Ozeane nicht bemerkt? Wie viel glaubst du, ist sie noch bereit zu tragen? Wie viele Lasten lässt du sie für dich bewältigen, nur weil du selbst nicht stark und weitsichtig genug gewesen bist. Überwältigt von deiner gesammelten Macht und deinen Möglichkeiten, bist du auf ihr gewandert und hast sie zu deinem Eigentum erklärt.

Du hast dir deine Wege auf ihr zurechtgelegt, hast sie gestaltet und bebaut nach deinen Vorstellungen, doch gleichsam missbraucht und ausgeraubt zu deinem eigenen Nutzen. Obwohl du nicht ohne sie bestehen kannst, bist du bereit ihr alles zu nehmen, was sie dir bietet. Was wolltest du erzielen, ganz am Anfang, als du noch alles hattest?

Und weil du das nicht weißt, suchst du in dem kleinen Verbandskasten nach Lösungen für die großen Probleme deiner Zeit, damit du dich, sobald dir etwas gelingt, als ihren Retter sehen kannst.

Die abgebrannte Zigarette

Irgendwann, und es erscheint mir schwer einen genaueren Zeitraum als irgendwann zu nennen, treibst du mit jeder ausweglosen Situation an einen auslösenden Moment, der dir die Ausweglosigkeit dieser Situation bewusst werden lässt. Es ist wie mit einer Zigarette, du schaust erst zu, wie sie langsam verbrennt, atmest das Gift ihrer derben Note ein und beobachtest den in den Wolken verblassenden Rauch. Aber egal was du tust, sie brennt ab. Es ist demnach eine ausweglose Situation. Bei dieser Art von Umständen hast du nur zwei Möglichkeiten des Handelns.

Du zündest eine weitere Zigarette an oder du lässt es bleiben.

Die Kummerkiste

Eine Kiste nicht größer als man sie sich vorstellt, mit einem engen Schlitz an ihrer obersten der sechs Seiten. Sie war für jeden zugänglich, überfüllt mit sich wiederholenden Fragen des Lebens und Problemen des Alltags, mit Verrat, Verlust und dem ewigen Elend der Vergänglichkeit. Jeder meinte sich ihr anvertrauen zu müssen, aber es dennoch für sich zu behalten. So kamen zu ihr die jungen Menschen ohne Arbeit mit ihren an Liebeskummer erkrankten Herzen zu den an freier Zeit fehlenden Tagen, ebenso wie die Alten mit ihren zu niedrigen Renten, den gebrechlichen Knochen an wiederkehrenden, schlaflosen Nächten. Sie alle bedauerten verlorene Chancen, betrauerten für unmöglich abgestempelte Träume und die als zu hoch eingeschätzten Ziele. Sie suchten Hoffnung in der Zukunft, verbleibend in der immer gleichen Gegenwart. Baten andere um Hilfe, ohne sich selbst zu helfen. Unerfüllt und einsam waren ihre traurig schauenden Seelen.

Schwer und überarbeitet wirkten die müden Glieder. Unausgesprochenes nahm ihnen die Stimme.

So blieb die Kiste verschlossen stehen, saugte sich voll mit dem Kummer ihrer Kundschaft. Doch so wie am Anfang des Tages war es auch am Ende der Nacht nur eine Kiste, die nichts sagte, nichts fühlte oder tat.

Der Soldat

Er steht aufrecht, sein Blick ist fest verankert in der Weite. Er wirkt mutig und selbstsicher, auch wenn er sich weder rührt noch etwas sagt. Es ist ein junger Mann, attraktiv, aber bescheiden. Seine ruhige Hand hält er an seinem Gewehr. Es passt in das Bild seiner Autorität. Es passt in das Bild eines Soldaten, der bereit ist loszuziehen in den Krieg.

Krieg, ein Begriff, der den meisten Menschen so leicht und gewöhnlich über die Lippen fällt. Was haben sich die Massen nicht schon alles zurückerkämpft, was sie sich zuvor selbst genommen hatten. Die Freiheit, die Unabhängigkeit, die Würde. Der Krieg ist ein Kreislauf der ungerechten Welt. Ein Begriff, den es nicht geben sollte.

Wird er also losziehen, unser tapferer Soldat? Wird er den Feind töten oder wird er selbst als gefallener Feind enden.

Was, wenn deinem Leben eine Stoppuhr gesetzt wäre. Eine Stoppuhr, die du nicht stoppen kannst. Ein Kreislauf, der mit dir genauso wie ohne dich gedankenlos existiert.

Der Tretteppich

Er liegt am Boden, dem Tiefpunkt seiner Würde, dem untersten Grund seiner Selbst, bleibt auf der Stelle, auch wenn jeder andere über ihm hergeht. Wird getreten und erniedrigt. Umhergeschoben und verschmutzt ist er nicht mehr als der ihm bekannte Dreck.

„Weißt du noch, als ich im kalten Winter deine Füße wärmte, als deine Kinder auf meinem Rücken lernten zu laufen. Erinnerst du dich, als du deinen erkalteten Körper zu mir legtest und der Ofen uns beide wärmte. Als du einschliefst beim Lesen deiner liebsten Romane. Kannst du noch die Musik jenes Abends spüren, als er dir auf meinen Armen beibrachte zu tanzen. Und du lachtest und stolpertest über mir, fielst, doch ich war nicht wütend, nicht beschämt. Weißt du noch, als der rote Wein über mir auslief, als deine Schwester von ihrer Verlobung erzählte und du aufsprangst und schriest. Noch heute sieht man die

Flecken meiner Haut, auch wenn du alles versuchtest, um diese zu entfernen. Vielleicht habe ich meine Aufgaben, die du mir zuteiltest, bereits erfüllt, möglicherweise ist mein Zweck jetzt getan. Also blicke ich auf all das zurück, so wie du es eines Tages selbst tun wirst."

So rollte man ihn zusammen und trug ihn runter in den Keller, da er schwierig war zu reinigen und nicht mehr in die neu eingerichtete Wohnung passte.

Morgentau

Auf den über der Oberfläche verteilten Grashalmen stützen sich die vereinzelten Wassertropfen. Der neblige Himmel erfrischt die noch müden Nasen der Schlafenden. Die in der Luft gleitenden Worte werden sichtbar in den kühlen Atemzügen. Es ist ein neuer Morgen, der sich dem Tag entgegenstreckt. Ein Morgen, der nicht weiß, was ihn erwartet außer die Gewissheit der kommenden Nacht und die folgende Hoffnung auf einen erneuten Anfang. Und da die Gewohnheit die Zeit schwinden lässt und ein einzelner Moment niemals länger andauert als die Spanne seiner Präsenz, kommt es selten vor, dass die Sonne zur gleichen Zeit aufgeht als dass sie unter geht und es erscheint unmöglich, dass sich ihr stetig wiederholender Kreislauf irgendwann unterbricht. So nimmt uns die Gewohnheit des Beständigen, die Angst vor zufälligen Begebenheiten und unaufhaltsamen Umständen. Erst wenn wir aus unserer Vorstellung der ewig anhaltenden Wirklichkeit gerissen werden, begegnen wir einer zuvor verdeckten Leere und Angst. Denn das Leben ist nicht darauf ausgerichtet, seinem Ende entgegenzublicken ungeachtet dessen, dass es uns alle erwartet. Es ist zu kurz, wenn nicht sogar viel zu kurz, um zu viel Zeit in den Gedanken an den Tod zu vergeuden. Denn welche Antwort wir auch finden mögen auf die Frage nach unserer Existenz und dem Sinn des Seins. Wie befriedigend und befreiend sie auch sein mag.

Verlust und Angst legen sich sanft auf uns nieder wie der morgendliche Tau in Form feinster Tropfen flächendeckend über die ganzen Gräser.

Der stille Klang

Sag Lebewohl zu dem stillen Wind, der an dir vorbeigezogen ist. Der die Strähnen deiner Haare wie Äste ineinander verzweigt hat. Lass ihn davon schweben, denn es gibt nichts, mit dem du ihn einfangen könntest, nichts an das du ihn binden kannst. Lass los den letzten Faden Hoffnung, den du mit jeder Kraft festhältst, wie einen vom Wind entrissenen Drachen. Er hat dich ebenso nie deiner Freiheit beraubt, sondern dich die Leichtigkeit des Lebens gelehrt. Wie einfach es ist, über den Höhen und Tiefen der Existenz zu schweben, sich zu überschlagen in den Gewitterwolken und die Turbulenzen des Fluges zu überdauern. Er hat dich das Leben spüren lassen, so tief und innig waren seine Bemühungen dich in seinen Fängen zu halten. Er hat dich losgelassen und du hörst nur noch seinen stillen Klang zwischen den Bergen und den Blättern der Wälder.

Sag Lebewohl zu dem, was nicht bleiben will und kann.

Die größte Hoffnung liegt in dem Glauben, weil der Glaube die Hoffnung erschafft.

Blaue Augen

Ja, der Mensch ist wohl zurecht ein großer Skeptiker, der entdeckt, forscht, durchdenkt und widerlegt. Seine Theorien aufgreift, festigt und verbreitet. Wendet er seinen skeptischen Blick jedoch nur selten auf offensichtliche Tatsachen, an denen er dreht und wendet, sie aber nicht verbiegt. Doch zur Erklärung für den Skeptiker sei gesagt, dass es sich in den folgenden Zeilen nicht um religiösen Fanatismus handelt. Lediglich um skeptische Fragen der Menschheit und dazugehörige, klärende Antworten.

Denn in dem Versuch den Glauben zu widerlegen, ist der Mensch, wie in vielen Dingen, kläglich gescheitert.

Schau demnach in meine Augen und sag mir, es gibt keinen Gott. Ja, in meine blauen Augen, durchzogen mit fließendem Blut, die deine spiegeln.
Und wenn du das tiefe Blau siehst, das dir deine Sinne offenbaren, dann schaue hoch in den Himmel, der über

dir wacht, soweit über dir, dass deine Augen niemals sein Ende erreichen könnten. Und wenn du das Ausmaß dieser Weite siehst, sag mir, spürst du in dir keine Demut? Eine Wertschätzung für die Unendlichkeit der Dinge, die den Menschen überwachsen. Und dann schau in meine blauen Augen, die durchzogen sind mit salzigem Wasser. So salzig wie die Weltmeere, ja die Ozeane, die so tief reichen, dass du niemals ihr Ende erblickten könntest mit deinem nackten Auge und deinen zerbrechlichen Lungen, die gebunden sind an das Leben auf dieser kleinen Welt inmitten von Allem und Nichts. Und wenn du die Kraft der sich biegenden Wellen verspürst und die erlösende Luft tief einatmest, welche dir gewährt zu leben, sag mir, spürst du in dir keine Dankbarkeit? An wen ist sie gerichtet, wenn du die Vielfalt des Lebens betrachtest in den Meeren und auf der Erde. Und wenn du das Leben als ein Geschenk siehst, sag mir, wer hat es dir übergeben und es eingepackt in verschiedene Farben und Facetten. In Lebensphasen und Erfahrungen, in Emotionen und die Gemeinschaft anderer. Wer hat dir die Möglichkeit offengelegt, zu lernen und zu wachsen in deinem Körper und mit deinem Geist. War es etwa der leblose Wind, der dir das Leben eingehaucht hat. War es der Zufall, der jedes Lebewesen strukturiert hat in seiner Komplexität und jeden idealen Umstand auf der Erde und darüber hinaus herbeigeführt hat.

So muss sich jeder Skeptiker von einer Tatsache überzeugen, wie auch der Glaube eine tiefe Überzeugung ist, belegt mit Argumenten, Schlussfolgerungen und Fakten. Spekulationen und Sinn entfremdete Vorstellungen alleine reichen nicht aus, um den menschlichen Verstand und das Herz zu erfüllen. Nur dann, wenn die Grundlage des Glaubens auf Angst beruht vor dem Ungewissen und Unerklärlichem.

Gib noch nicht auf, schöner Schein, mir die Welt zu verzaubern.

So sehr habe ich geglaubt, dass das Gute nur geweint hat.

Das Versprechen

Ich werde dich lieben. Selbst wenn du nicht mehr bist, wenn auch meine Seele in Asche zusammenfällt, wenn jeder uns vergessen hat, ich werde dich lieben.

Und ich sage dir, Geliebter, dieses Leben ist verbannt. Es ist da, um zu enden, einer viel zu frühen Zeit. Es ist da, um zu zweifeln, an dem Sinn, den es uns gibt. Ja, zu warten auf das Ende, das vergeblich nicht vergeht. Und ich sage dir, Geliebter, wenn ich warten soll allein, soll es lieber mich ergreifen, einer viel zu frühen Zeit. Bleibe bei mir, ja, so lange, bis es endet von allein.

Und ich sage dir, Geliebter, diese Welt, sie ist verbannt. Sie ist da, um zu vergessen, die Geschichten, die sie schreibt. Sie ist da, um zu zweifeln, an dem Leid, das sie uns gibt. Ja, das Leid, das nicht endet und vergeblich nicht vergeht.

Herstellung und Verlag:
BoD – Books on Demand, Norderstedt
ISBN: 978-3-7504-0308-6